Dieses Buch gehört:

_____

Sei lieb zu diesem Buch!

Mehr über die Autorin erfahren Sie unter:
www.gabygrosser.de

5 4 3 2 1   20 19 18 17 16

ISBN 978-3-649-60555-3
© 2016 Coppenrath Verlag GmbH & Co. KG,
Hafenweg 30, 48155 Münster
Alle Rechte vorbehalten, auch auszugsweise

www.coppenrath.de

EIN HIMMLISCHES WEIHNACHTSGESCHENK

Eine Geschichte von Gaby Grosser
Mit Bildern von Andrea Hebrock

COPPENRATH

Opa Rudi sitzt gemütlich auf der Couch und raucht Pfeife. Ruhig ist das Leben geworden ohne seine Frau Frieda.

„Nun bist du sicher ein Engel, meine liebe Frieda!", überlegt er. „Und weil bald Weihnachten ist, schickst du mir bestimmt ein schönes Geschenk. Dass unser Sohn mich mit unserem Enkel endlich einmal aus Amerika besuchen kommt oder …"

Plötzlich ertönt ein Rumpeln. Es klingt, als ob ein Paket aufs Hausdach fallen würde.

„Frieda, Frieda", sagt Rudi kopfschüttelnd. „Weihnachten ist doch erst in einer Woche! Oder sollte vielleicht ein Stern auf unser Häuschen gefallen sein? Oder ein Ast von der morschen Eiche? Ich schau besser mal nach."

Rudi schlüpft in Jacke und Stiefel. Schneeflocken umwirbeln ihn, als er das Haus verlässt und durch den Garten stapft. Trotz Dämmerung erkennt er glitzerweiße Tannen. Auch das rotbraune Dach seines Häuschens ist dick mit Schnee bedeckt außer …

‚Nanu', denkt er mit einem Mal, ‚was ist denn das?'

Eine breite Schleifspur führt vom Schornstein über die Dachrinne hinweg runter zu einem Busch. Daneben gähnt ein Loch!

Verblüfft äugt Rudi hinein. Dann zieht er eine kleine, zitternde, mit Schnee bedeckte Gestalt heraus.

„Oweh", murmelt Rudi, drückt das frierende Etwas schützend an sich und rennt flink wie ein junger Mann durch den Garten zurück ins warme Haus. Mit verschneiten Stiefeln poltert er ins Wohnzimmer, legt das geheimnisvolle Wesen vorsichtig auf die Couch und deckt es mit seiner Kuscheldecke zu.

Während Rudi Jacke und Stiefel auszieht, überlegt er: ‚Das kann nur ein Kind sein! Was aber hat ein Kind auf meinem Dach verloren? Am Abend? Im Schneesturm? Sollte ich die Polizei rufen? Oder lieber Honigmilch zum Aufwärmen kochen? – Genau! Erst Milch, dann Polizei!'

Rasch erhitzt Rudi Milch, gibt Honig hinzu, füllt alles in Friedas Lieblingstasse und trägt sie zur Couch.

„Hallo-ho, hier gibt's heiße Honigmilch für dich!", ruft er munter.

Die Decke bewegt sich sachte. Da blitzen einige weiße Federn hervor.
„Du bist ja ein komisches Kind", brummt Opa.
Entschlossen zieht er an der Decke – und beginnt, schallend zu lachen!
„Ach, Frieda, wenn du das sehen könntest", kichert er. „Ich habe Honigmilch für eine verunglückte Weihnachtsgans gekocht!"

Schniefend richtet sich das Wesen auf. „Ich bin keine Weihnachtsgans", protestiert es. „Ich bin ein waschechter Weihnachtsengel! Einer, der auf Erden Wunschzettel einsammelt und unsichtbar ist!"

„Verstehe", sagt Rudi und mustert den kleinen Kerl lächelnd. „Du bist ein unsichtbarer Weihnachtsengel!"

Das Wesen schaut erst an sich herunter, dann läuft es rot an. „Verflixt, heute geht wirklich alles schief!", mault es.

„Ich bin übrigens Rudolf", stellt sich Rudi vor. „Du kannst mich allerdings gern Opa nennen, so wie mein Enkel."

„Tag, Opa! Ich heiße Luka, aber auf Engel hör ich auch!", ruft der Engel und hüpft freudig hoch. „Au-au!", jammert er plötzlich und lässt die Flügel hängen.

„Auweia, hast du dich verletzt?", fragt Opa. „Dann musst du sofort zum Arzt!"

Luka schüttelt den Kopf. „Ach, Opa", seufzt er, „Weihnachtsengel arbeiten doch immer im Geheimen!"

„Na gut!" Opa nickt entschlossen. „Also werde ich dich untersuchen!"

Vorsichtig hebt Rudi erst den heilen, dann den zerzausten Flügel an. „Glück gehabt, gebrochen ist nichts!", stellt er erleichtert fest. „Trotzdem muss ich dir einen Verband anlegen, damit dein Flügel sich ausruhen kann."
Opa eilt ins Bad. Als er wieder zurückkommt, packt er eine Mullbinde aus und sagt:
„So, Engel: Arme hoch, beide Flügel ranklappen – und laaangsam drehen!"
Keine Minute später trägt Engel quer über Brust und Flügel einen Verband.
Opa nickt zufrieden. „Nun wartest du ab, bis du wieder himmelwärts fliegen kannst. Und so lange genießen wir die Adventszeit zu zweit!"

„Ein Weihnachtsfest auf Erden?" Lukas Augen funkeln schelmisch. „Opa, hast du mal Papier und einen Stift?", fragt er und beginnt, eifrig zu schreiben.

Hallo, Himmel!
Ich bin im Schneetreiben abgestürzt und verletzt! Aber sorgt Euch nicht. Opa Rudi kümmert sich um mich. Bis zur himmlischen Weihnachtsparty bin ich bestimmt wieder gesund. Viele irdische Grüße von Eurem Luka

Als der Brief fertig ist, faltet der Engel das Blatt, legt es wie einen Wunschzettel aufs Fensterbrett und gähnt.

Inzwischen hat Opa für Luka eine dicke, weiche Luftmatratze vorbereitet – genau neben seinem eigenen Bett.

„Soll ich dir eine Gutenachtgeschichte erzählen?", fragt Rudi, während er Luka zudeckt. Doch das Engelchen ist schon eingeschlafen!

Plötzlich durchzuckt Opa ein Gedanke. Er schleicht zum Wohnzimmerfenster, starrt erst aufs leere Fensterbrett, dann in den leise rieselnden Schnee.

Nach einer Weile legt sich Rudi ebenfalls hin und flüstert: „Schlaf schön, kleiner Engel! Und dir, liebe Frieda, vielen Dank für so viel gefiedertes Weihnachtsglück!"

Zum Frühstück zündet Rudi am Adventskranz vier Kerzen an.

„Warum machst du das?", fragt Engel neugierig.

Opa lacht. „Ich denke, du bist ein Weihnachtsspezialengel?"

„Stimmt!", grinst Luka. „Speziell für Wunschzettel. Beleuchtung ist eine ganz andere Abteilung!"

Rudi trinkt einen Schluck Kaffee und sagt: „Dolle Sache, dass ich einem Weihnachtsengel erkläre, wie Weihnachten geht … Also, sobald am Adventskranz die vierte Kerze brennt, wissen die Menschen: Nun dauert es höchstens noch eine Woche bis zum Heiligen Abend. Ähnlich ist das mit dem Adventskalender. Schau, für jeden Tag im Advent habe ich ein Säckchen mit kleinen Überraschungen – bis zum Weihnachtsabend sind es 24. Magst du das heutige öffnen?"

Keine Frage! Begeistert linst Engel in das Beutelchen mit der Nummer 20 … und findet darin neben einer Zuckerstange einen Schokoladenstern.

„Mmh, lecker!", nuschelt er, während er sich den Stern in den Mund stopft. „Was gibt's sonst noch Nettes zur Erdenweihnacht?"

„Warst du mal auf einem Weihnachtsmarkt?", erkundigt sich Opa.

Engel legt den Kopf schief. „Nö, ich bin bisher nur darüber hinweggeflogen! Aber – biiiiiiitte – dort will ich hin!"

Heute soll sich Luka allerdings noch schonen. Daher lümmeln Opa und Engel gemütlich auf der Couch. Rudi erzählt Geschichten von der Erdenweihnacht. Und Luka erzählt vom besten Fest der ganzen Welt: der himmlischen Weihnachtsparty, die er keinesfalls verpassen darf! Und während sie plaudern, futtert Engel eine ganze Dose Plätzchen leer …

Bevor die beiden am nächsten Tag zum Weihnachtsmarkt aufbrechen, sagt Opa:
„Ich organisiere dir mal etwas zum Anziehen!"
„Was soll ich denn damit?", fragt Luka, der barfuß durch den Schnee tapst.
„Na, zur Tarnung, damit dich niemand als Engel erkennt!", erklärt Opa. „Ich gehe kurz rüber zu Ruth. Sie hat bestimmt noch ein paar Sachen von ihrem Enkel. Ich erzähle ihr einfach, dass du mein Enkel bist!"
Ruth wohnt im Haus nebenan und Opa Rudi mag sie ziemlich gern. Nach wenigen Minuten kommt Opa mit Hose, Pulli, Winterjacke und Jungenstiefeln zurück.
„Schnell anziehen, bevor Ruth deine Flügelspitzen sieht! Sie kommt nämlich mit", raunt er und strahlt dabei von einem Ohr bis zum anderen.
Luka ist gerade angezogen, da tritt eine schicke Dame aus dem Nachbarhaus. „Wie schön, dass Rudi Enkel-Besuch aus dem warmen Florida hat!", begrüßt sie Engel.
„Zum Glück hatte ich noch was Passendes. Fein siehst du darin aus."
„D-danke!", stottert Luka. Er kann sich nur schwer daran gewöhnen, sichtbar zu sein.
Wenig später marschieren Opa, Engel und Ruth fröhlich über den Weihnachtsmarkt.

Sie fahren Karussell, trinken Kakao und kaufen einen Tannenbaum. Und als Ruth friert, leiht Rudi ihr ritterlich seinen Schal. Mit roten Wangen strahlt sie Opa an. „Der Weihnachtsmarkt war super!", schwärmt Engel auf dem Heimweg. „Morgen gehen wir Schlitten fahren, ja?"
„Prima Idee!" Ruths Augen leuchten. „Darauf freue ich mich schon."
„Sie ist nett, nicht wahr?", sagt Opa leise zu Engel – und der nickt.

Am nächsten Tag jauchzen Ruth und Engel beim Schlittenfahren, während sie den steilen Berg hinuntersausen. Anschließend baut Rudi mit Ruth einen Schneemann und Luka einen Schneeengel.

Erstaunt betrachtet Ruth erst den Schneeengel, dann Luka. „Du bist ein wirklich besonderes Kind!", sagt sie nachdenklich. „Schön, dass du die Weihnachtszeit hier mit uns verbringst."

„Finde ich auch!", meint Engel. „Doch sobald mein Flü…"

Schwungvoll knufft Opa den Engel in die Seite. „Mir fällt gerade ein … Ruth, wir wollten dich fragen, ob du Heiligabend mit uns verbringen magst?"

Ruth strahlt. „Gern", sagt sie, „aber nur, wenn ich für euch kochen darf!"

Am Abend, als Opa und Engel gemütlich in ihren Betten liegen, kichert Luka:
„Ruth und du, ihr seid verlie-hiebt!"
Opa lacht. „Meinst du?"
Dann ist es für einige Augenblicke ganz still, bis Rudi fragt: „Ist meine verstorbene Frieda wohl auch ein Engel und sieht auf uns herab, auf mich, dich … und Ruth?"
Das weiß Luka nicht. „Aber im Himmel gibt es sooo viele Engel", tröstet er.
„Bestimmt habe ich Frieda nur noch nicht kennengelernt."

Am folgenden Tag sagt Opa: „Engel, wie du weißt, ist unsere Keksdose leer. Was hältst du von Plätzchenbacken?"

„Ha, backen kann ich prima!", gibt Engel an. „Ich habe nämlich vor langer Zeit mal in der Weihnachtsbäckerei gearbeitet!"

Gewissenhaft wiegt Opa die Zutaten ab, während Engel alles rekordverdächtig schnell zu einem glatten Teig rührt. Plötzlich ertönt ein Rumpeln, ein Klirren, dann liegt Friedas Tasse zerbrochen am Boden!

„Herrje!", grummelt Opa und sammelt traurig die Scherben ein. „Das war meine Lieblingstasse! Die hatte Frieda selbst bemalt."

„Entschuldige", wispert Engel. „Ich mach das wieder gut. Versprochen!"

Und als Opa abends im Bad ist, schreibt Engel heimlich eine weitere Nachricht …

Hallo, Himmel!
Ich suche dringend Engel Frieda:
Schick Opa Rudi bitte ein Zeichen!
Er hat Dich lieb. Und die Ruth, glaube ich, auch. Hier auf Erden ist es toll! Bis mein Flügel wieder heile ist, grüßt lieb Euer
Luka

Luka ist so gespannt auf die Erdenweihnacht, dass er beinahe die himmlische Party vergisst! Und seinen fast heilen Flügel …

Dann ist endlich Heiligabend und Opa schleppt eine riesige Kiste herbei.

„Jetzt schmücken wir den Weihnachtsbaum", ächzt er.

Engel überlegt. „Ob für mich gleich auch ein Geschenk darunter liegen wird?"

Doch bevor Opa antworten kann, klingelt es an der Haustür: Ruth ist da!

„Ich helfe euch gleich", trällert sie gut gelaunt, „aber vorher kümmere ich mich zuerst noch um unser Weihnachtsessen."

„Wie schön!", strahlt Rudi.

Doch während draußen Schnee fällt, der Braten im Ofen brutzelt, das Radio ‚Alle Jahre wieder' spielt und Rudi und Luka schon mal den Baum schmücken, läutet das Telefon.
„Ruth, gehst du kurz ran?", bittet Rudi.
Sie telefoniert einen Moment, dann legt sie wieder auf.
„Das war dein Enkel aus Florida", sagt sie zu Opa und wirft einen verwunderten Blick auf Luka. „Er ruft später wieder an."
Rudi legt einen Arm um ihre Schulter und flüstert: „Pssst, wir dürfen das niemandem verraten, aber Luka ist nicht mein Enkel, sondern ein ganz geheimer Weihnachtsengel!"
Ruth schaut Rudi nachdenklich an. „Luka? Ein Engel? Schon klar …",
flüstert sie schließlich zurück und lächelt sanft.

Später sitzen Rudi, Ruth und Luka gemütlich in der Küche und trinken Kaffee und Kakao. Dazu verputzen sie unzählige Weihnachtsplätzchen. In der Zwischenzeit geht es im Garten erstaunlich weihnachtlich zu und seltsamerweise wird Engel von Minute zu Minute zappeliger.

„Kann ich mir jetzt endlich die Bescherung ansehen?", fragt er nun schon zum siebten Mal.

„Nei-hein, noch nicht!", lachen Ruth und Rudi.

Im selben Moment erklingt ein feines Glöckchen.

Da krakeelt Luka: „Bescherung auf Eeerden!"

– und sprintet ins Wohnzimmer.

Von Kerzenlicht beleuchtet, betrachtet Engel begeistert den Weihnachtsbaum. Darunter liegen mehrere Päckchen. Auf einem steht mit großen Buchstaben: LUKA!
„Mein allererstes Weihnachtsgeschenk!", juchzt Engel und reißt das Papier herunter.
„Halleluja!", ruft er und hält ein gerahmtes Foto hoch.
Ruth staunt. „Oh", sagt sie, „das zeigt ja Opa und – ähm – Enkel auf dem Weihnachtsmarktkarussell!"
„Opa und Engel", korrigiert Luka leise. Dann gibt er Rudi einen Kuss. „Vielen Dank!", flüstert er. „Das Bild wird mich nun immer an die wunderschöne Weihnachtszeit mit dir erinnern!"

Und während Opa ein Kochbuch auspackt, damit er endlich lernt, wie man Kartoffeln mit Sauce kocht, und Ruth einen Schal, damit sie nicht mehr so friert, schleicht Luka langsam zur Terrassentür.
„Alles Liebe für euch!", flüstert der kleine Engel. „Vielleicht sehen wir uns mal wieder? Doch jetzt muss ich nach Hause …"

Nach einer Weile bemerkt Opa plötzlich, dass die Terrassentür aufsteht.
„Engel?", ruft er erschrocken und rennt hinaus. Im Garten – mitten im Schnee – liegen Lukas Pulli und Jeans, ein Stückchen weiter liegt der Verband! Rudi verfolgt noch Engels Fußspuren im Schnee, die kurz vorm Zaun enden.
„Was ist passiert?", fragt Ruth verwirrt und sammelt die Kleidungsstücke auf.
Rudi dreht sich zu ihr um. „Jetzt ist mein verunglücktes Weihnachtsengelchen fort!"
Verlegen wischt er sich über sein Gesicht. „Luka wollte heim. Schließlich ist nach der Bescherung auf Erden die große Weihnachtsparty im Himmel!"
„Ach so …", stammelt Ruth und betrachtet einige Federn, die innen im Pulli hängen.
„Dann, mein lieber Rudi, hattest du ja das schönste Weihnachtsgeschenk der Welt: Besuch von einem echten Engel!"

Als Rudi und Ruth wieder im Wohnzimmer sind, entdecken sie unter dem Baum noch ein unausgepacktes Geschenk.

„Seltsam, das habe ich eben gar nicht gesehen!", sagt Opa verwundert. Er öffnet das geheimnisvolle Päckchen und findet darin zwei Tassen.

„Lieber Himmel, die sind genauso bemalt wie Friedas kaputte Tasse!", ruft er überrascht. „Aber wieso … zwei Tassen?"

„Schau, da steht etwas geschrieben", sagt Ruth. „Auf der einen Tasse Rudi – und auf der anderen Ruth!"

Rudi schluckt. Schließlich fängt er an zu lachen. „Die Tassen sind bestimmt ein Zeichen von meiner lieben Frieda!"

Auch Ruth lacht. „Dann ist auch sie … ein Engel? Und in vielen Jahren sind wir vielleicht ebenfalls welche?"

Stürmisch gibt Rudi ihr einen Kuss. „Bestimmt! Aber bis dahin verbringen wir beide noch viel Zeit auf Erden. Und jetzt wird gefeiert. Fröhliche Weihnachten!"